國家圖書館出版品預行編目資料

遊目騁懷 / 汪洋萍著. -- 初版. -- 臺北市 : 文史哲, 民 91

面 : 公分 - (文史哲詩叢 ; 49)

ISBN 957-549-436-9 (平裝)

848.6 91008247

文史哲詩叢 ㊾

遊目騁懷

著者：汪洋萍

出版者：文史哲出版社

登記證字號：行政院新聞局版臺業字五三三七號

發行人：彭正雄

發行所：文史哲出版社

印刷者：文史哲出版社

臺北市羅斯福路一段七十二巷四號

郵政劃撥帳號：一六一八〇一七五

電話 886-2-23511028・傳真 886-2-23965656

實價新臺幣二二〇元

中華民國九十一(2002)年五月初版

ISBN 957-549-436-9

文史哲詩叢

汪洋萍著

遊目騁懷

文史哲出版社印行

自 序

《遊目騁懷》這本小冊子，是我的第九本詩文集，也許是最後的一本。坐七望八之年，雖不是生命的極限，但健忘症逼我日急，耳鳴的音調不斷升高，安眠時間漸少，都是生命價值衰退的指標。生命的長短與價值，不一定成正比，能活多久我不在乎。在有生之年，該做的，能做的，我會盡心盡力。

我寫詩為文，不是想做詩人，也不是為搶個作家名位；只是將我所見、所聞、所感、所盼，用心靈的語言表達出來，以盡為人處世的本分。在我的九本著作裡，不計個人得失利害，對人間是非善惡，福禍根源，竭盡所能，慎思明辨，暢所欲言，盼能與人溝通，尋求共識，進而攜手同心，躬行履踐，締造共同追求的美好願景。

《遊目騁懷》是本詩文合集，分為四卷，前三卷是現代詩，卷四是評述文及書函。卷一〈人間掃描〉是描述人文生態與自然生態，所呈現的現象，所存在的危機，被社會大眾所輕忽，表達我的焦慮與期盼。卷二〈如是我觀〉

將人間百態的光明面與黑暗面並陳，說出我的警惕與願景，以爭取社會大眾的認同，為撥亂反正，轉危為安盡一分心力。卷三〈三月詩趣〉是我參加「三月詩會」命題詩的創作，在創作過程有情趣，有樂趣，不涉名利而生趣盎然。卷四〈心靈感應〉是詩友和文友們閱讀我的作品，所撰寫的評文及書函，也有我拜讀好友們的著作讀後感，是彼此心靈感應的回響。

寫到這裡，我忽然心生反思：人類從洪荒時代，已步入科學昌明的二十一世紀，綜觀人類世界的景象，天災人禍相互激盪惡性循環，已出現嚴重的生存危機，不禁使人懷疑，人類文明是在向前邁進，還是節節倒退？

回顧洪荒時代，人類在荒漠原野，巢居穴處，茹毛飲血，揭開歷史的序幕，在生活中累積經驗，形成文化，經過悠長的時光隧道，摸索前進，才到達今天這個令人亦喜亦憂的科技年代。人類的進化史，是一幕幕悲喜劇，喜劇昡耀光榮的紀錄，悲劇留下沉痛的傷痕。

不幸的是，在世代交替的過程，該傳承的良心美德多被拋棄，該根除的惡行罪孽更加猖獗，悲喜劇在繼續上演，已喜得瘋狂，悲得悽慘，不知如何結局!?

我靜觀默察，人類已面臨三大危機：

一、地球上的人口在不斷增加，而生活資源日漸枯竭。已開發國家及開發中國家，仍在鼓勵消費，刺激生產以促進經濟成長，使很多有用的物品被棄置成垃圾，污染環境破壞自然生態，嚴重威脅人類生存。所謂的政治學者，經濟學家與各國的執政當局，只求急功近利，提升國際地位，擠入列強之林，想獨霸世界；不顧及人類的永續生存與發展，無視於貧窮國家的數億人民，掙扎在飢寒病疫的死亡線上，這豈不是文明世界的奇恥大辱！

二、人類日漸被物化、神化、妖魔化而失去自信、理性與人性。凡事以雜亂為多元，以光怪陸離為突破創新，以放肆自大，有我無人為自由民主，將頹廢視為文明進步。從殺人、放火、搶劫的犯罪率不斷上升，犯罪年齡日漸下降，就知人類生存危機之嚴重。

三、從家庭暴力、族群對立、政黨紛爭、宗教仇恨、區域戰爭、列強軍備競爭、商戰傾軋，使人們缺乏安全感，憂鬱症患者在快速增加，生活品質低落，倘不能及時反省，有效改善，人類前途實堪憂慮。

其實福禍存在人們一念之間，凡事利人利己會生福苗，損人利己種下禍根。孔子主張以「仁愛」相處相惜；中山先生提倡以「博愛」相生相養；證嚴法師開示以「大愛」撫慰眾生。孔子和中山先生的教化，是從政治層面著想，在施政過程領導人民，以達到共同的願望，是全面性的，績效不易顯彰，卻有潛移默化之功，形成文化傳統。證嚴法師，就是繼承這個傳統，融合佛教精神，從自身做起，領導慈濟人，從個案切入，一步一腳印，走出前所未有的奇蹟。希望慈濟志業繼續發展，能導正人心，使地球村民共同永享和平安樂。

我沒有宗教信仰，也不是慈濟人，只是個慈濟功德的景仰者。我是孔子和國父孫中山先生的信徒。以上所言是就事論事，抒發感懷。我的九本詩文集，是我的心靈寫真集，是否值得一看，由讀者去品評，我心坦然。

遊目騁懷　目　錄

卷二　如是我觀

卷三　三月詩趣

卷四 心靈感應

卷一　人間掃描

此時此刻

一彎弦月
滿天星斗
大地在酣睡
此情此景
好美喲

心絃忽傳來
爭權奪利怨懟吵鬧
復仇雪恨嘶殺哀號
驚擾我情緒
樂趣全消

唉！人間在混戰
傷天害地同類相殘
福禍一線間
關鍵不難尋
少人感興趣

欺人自欺鳴得意
損人利己樂翻天
危機四伏看不見
生機榮景遭白眼
福禍契機面臨抉擇

極目所見

地球上擠滿了人
像一艘超載的方舟
在宇宙的海洋
隨波逐浪漂流

船上五種膚色的人
有的酒醉亂性
肆無忌憚
有的啼飢嚎寒
命在旦夕
沉默大眾忙著
祈福避禍

操槳的人高歌狂想曲
沒有方向
沒有目標
沒有理想
只聽到嬉笑怒罵
爭功諉過
上帝在嘆息
諾亞也無奈

東方出現一個
亮麗的標竿
飄揚著慈濟旗幟
慈濟人面帶微笑
手提口糧心藥
走進方舟撫慰眾生
為人類帶來了希望

流星雨

時光的腳步
不疾不徐
沉著前進
開拓萬物通行的隧道
永不停止

萬物經過隧道
取其所需
奉獻所有
坦然安息

唯有萬物之靈的人

在隧道中貪心妄想
胡作非為損人利己
使大地滿目瘡痍
人間災難慘不忍睹

至高無上的天帝
心懷悲憫
灑下辛酸的淚滴

偷！偷！偷！

竊盜集團搶攻傳播媒體
颳起陣陣偷竊風
偷兒像蟑螂螞蟻
聞到香味就偷吃
碰到殺蟲藥前仆後繼
丟掉小命在所不惜

政治偷兒偷天換日
經濟偷兒偷乾為止
文化偷兒偷改歷史
偷竊成性不偷難度日
愈偷愈有名

越偷越起勁

無所不偷
無往不利
不偷沒出息
偷色
偷情
偷窺
偷針孔攝影

偷空倫理道德
偷光社會正義
偷盡精神文明
剩下的善良百姓
忍氣吞聲
堅守著自己的人性
還受偷兒百般愚弄

騙！騙！騙！

金光黨
手握貪字牌鑰匙
在人群中尋覓對象
伺機突破
常懷貪念者心防
甘願交出金銀財寶

不法經銷商
括流行風
打折扣戰
不實廣告擴大宣傳
騙得消費者團團轉

為滿足虛榮而消費
浪費資源
鈔票變垃圾
污染大自然
自食惡果貽害後代

政客自吹自擂騙選票
又布樁腳偷買票
上任當權開支票
貪黷受賄賺鈔票
內線交易玩股票
鈎結黑道強綁票
得到贖款又撕票
經濟蕭條百姓沒飯票
政客騙術大流行
卑劣手段不人道

人民求生困難
百般無奈
自殺率日漸升高

搶！搶！搶！

搶案
成了每天的熱門新聞
搶銀行　郵局
搶銀樓　超商
搶民宅　行人
搶檳榔攤
搶犯多為青少年

問他們為何行搶
有的說沒錢花
有的說買毒品
有的說打電玩

有的說還賭債
有的說找刺激

有些人搶官做
上任後搶錢搶政績
有些人搶當民代
到任後搶人脈搶油水
演藝人員搶天王天后
詩人作家搶名氣
酷哥辣妹搶風頭
搶！是當下的流行文化

搶得烏煙瘴氣
搶得人心惶惶
搶得社會大亂
善良百姓
在搶徒囂張下過日子

那些講理衛道者
落寞地堅守著
精神文明的陣地

賓拉登 · 納莉

賓拉登懷宗教宿怨
陰謀突襲得逞
震驚全世界
使強人山姆灰頭土臉
他卻成了民族英雄
其族類樂得瘋狂

納莉颱風
減速滯流
挾驟雨洪流
毀物傷人
給災民難以承受的痛

接連而來的人禍天災
有其必然因果
山姆欺人得報應
納莉肆虐
濫墾濫建
偷工減料是幫兇

災難惡性循環堪憂
想轉禍為福
只有戒貪消恨
以愛撫平傷痕

地球村的消耗戰

天造地球
供人類安身立命
天生萬物
使人類需求無缺
以營造共生同樂的
伊甸園

地球的資源有限
人類繁衍綿延
生育日眾需求日增
資源會有用盡的一天
為子孫後代計

我們應省吃儉用

靜觀世界潮流
反其道而行
鼓勵消費使經濟成長
吃喝玩樂奢侈浪費
有用之物變垃圾
污染環境破壞自然生態

大量開發物力資源
用於軍備競賽
寶貴的人力資源
投入爭權奪利抗爭
消耗戰愈演愈烈
人類前途堪憂

人間的流亡潮

人間到處
都是流浪者
有的居無定所
有的心無定位
形成一波波
流亡潮

無定所者缺衣食
扶老攜幼隨波逐流
盲目尋生路
心無定位者紙醉金迷
跟著流行時尚找刺激

生命隨慾海浪濤漂流
溫室效應戰火綿延
居無定所者日增
流浪人潮高漲
慾望竄升需求無度
心位震盪游移日甚
失智暗潮洶湧

神明無奈
勿強求
自救有方
莫遲疑
愛天愛地愛眾生
人間樂園現眼前

如獅似狐的君王

這個封號
來自十五六世紀的西方
在近代的東方
以我的親身體察
如獅似狐的君王
毛澤東
李登輝
陳水扁
有過之而無不及
毛澤東舉人民至上大旗
喊著人民第一口號

騎在人民頭上
指揮三反五反鬥爭
驅使全民大躍進
搞文化大革命
爭權搶位好大喜功
卻説一切是為人民
弄得民不聊生屍橫遍野

李登輝身兼總統黨主席
視黨國為外來政權
操縱修憲動搖國本
倡兩國論做臺獨先鋒
歪曲本土化分裂族群
千方百計要搞垮國民黨
學獅變成狼
露出狐狸尾巴

·35·　如獅似狐的君王

陳水扁選前
以當全民總統為號召
上任立即綠化政權
高喊中華民國萬歲
暗地推動臺獨主張
如狼似狐偽君子
口實心非騙百姓
政績不好怪別人

註：讀民國九十年十一月二十九日中央副刊載南方朔先生〈今之馬基維利〉方塊文章有感。

異想天開

美國人真聰明
要利用流星或彗星引力
將地球推送到
距太陽較遠的軌道避暑
為十億年後地球的高溫
人類無法適應而籌謀
聰明得如此天真

第二次世界大戰結束
山姆大叔爭世界領導權
軍經援各交戰國
進行全面冷戰局部熱戰
發展核子武器

耗費何只千萬億
樹敵招怨換來
韓戰越戰的慘敗羞辱

長期介入以阿之爭
持強凌弱激怒回民
受到九一一迎頭痛擊
反美情緒在發酵
倘不知悔悟自我調適
仍自侮自伐前途堪憂

如果美國將用在
冷戰熱戰的人力物力
從事貧窮國家經濟建設
致力促進世界和平
地球村已成為人間天堂
美國已被尊為精神領袖

可憐蟲

政客
奸商
賭徒
癮君子
他們都是高IQ群
卻是EQ的低能兒

為權位
為錢財
為不勞而獲
為一時爽快
挖空心思全力以赴

不顧自食惡果

末日來臨
低頭見閻王
兩手空空入地獄
與牛頭馬面為伍
在人間留罵名
貽害子孫後代

哈利波特的魅力

哈利波特的想像力
與佔有慾結合成
神密的魔法石
無所不能
無往不利
成了人間的上帝

地球村民
聽其名
聞其聲
即趨前迎迓
想學其神功
分享福樂

沉醉幻想中

激情之後
悲愴失落
不敢面對人生
哈利波特的魔法
如願以償

喂！醒醒吧
人生是美好的
盡一分心力耕耘
就有一分收獲
想不勞而獲
終歸失望

註：「哈利波特：神密的魔法石」電影，風靡全球，票房創世界紀錄，臺灣有很多「全家福」觀衆。一部荒誕虛幻的電影，竟能如此迷人，我對人類的前途感到悲觀！

賞析陳克華的〈模模糊糊的模糊地帶〉

現在的世界已演化成
多元並行的社會形態
各有軌跡可循
殊途同歸
福樂共享

陳克華尚滯留在
二元對立的世界
想在模糊地帶找個縫隙
潛入安身立命
何其無奈

釣魚台

我們的國土
釣魚台上出現
一張紅膏藥
一根妖魔棒
那是靖國神社的幽靈
那是軍國主義的魔影
那是日本鬼子的陰謀
要發動另一次侵略戰

海內外的炎黃子孫
熱血沸騰
展開保釣運動

乘風破浪向釣魚台
已付出了生命代價
已插上國旗宣示主權
但海空仍在日寇掌握中
我們是抗日八年的老兵
雖年邁智勇不減當年
誓以筆當劍
做保釣的前鋒　後盾

流氓

流氓類別繁多
各類流氓
欺壓百姓
危害社會
招術難以盡言
謹擇其大者列舉

政治流氓
不依法理情
執政或問政
唯名是務
唯利是圖

唯權是爭

經濟流氓
想發橫財綁票勒索
承包工程偷工減料
讚營內線操縱股市
經營色情賭博傚冒
誘騙詐欺無惡不做

文化流氓
以詩文矇混讀者
歪曲事實真象
詆毀歷史人物
揚棄倫理道德
鼓吹叛逆頹廢

傳統

傳統
是一塊塊踏腳板
讓我們一級級攀登
使後代登上人間天堂
有些人當絆腳石
要踼開傳統
不幸跌落陷阱
哀怨　沉淪

傳統
是生命的行囊
提供旅途所需

要隨時補充新的必須品
才能步上平坦康莊旅程
若視為沉重包袱丟棄
往後一代代無所依憑
回到原始摸索前進

好的傳統
是前人智慧的結晶
壞的傳統
是前人留下的罪行
過去是現在的傳統
現在是未來的傳統
傳統隨著時代演進
每個人都在
延續傳統
創造傳統

·49· 傳統

我們要把
好的傳統發揚光大
將壞的傳統
當垃圾丟去
我們要篩選每一個
生活習俗的優美傳統
留給子孫後代
才算盡了自己的責任

第三次世界大戰的推手

——布希的霸權心態

第二次世界大戰
是人類的浩劫
參戰雙方兩敗俱傷
戰火雖熄
危機並未解除
美國以馬歇爾計畫
籠絡人心
蘇俄以共產主義
欺騙世人

兩強進行冷戰
向各國施展
分化對立計謀

蘇俄集團瓦解
美國獨霸世界
不思濟弱扶傾
維護和平增進福祉
只為久霸世界著想
以阿之爭袒護以色列
招致九一一報復

布希以反恐號召
欽定「邪惡軸心國」
「警告外國政府
沒有選擇的空間」
「我們國家最後會戰勝」

觀其言行為美國霸權
不惜將人類推向
第三次世界大戰

慈濟世界

慈濟月刊和大愛電視
是我進入
慈濟世界的門票
經常去觀光遊覽
盡解煩憂心靈舒暢
獲得生命的樂趣

我在慈濟世界常見
佛陀
耶和華
阿拉
滿臉慈祥有說有笑

手牽手相互扶持
與現身世俗的信徒
惡行惡狀顯然兩樣

慈濟世界裡
沒有仇恨對立報復
只有大愛互助感恩
慈濟人臉上常露笑容
慈濟人雙手傳送溫馨
救災濟貧站在第一線
照顧孤老棄童有始有終

愛灑人間
展現人性光輝
愛的教育
勤耕心靈福田
愛的呼喚

規畫大愛遠景

在這現實人間
魔影妖聲大行其道
政治經濟危機重重
核子戰生化戰一觸即發
唯有慈濟世界
是片乾淨土
唯有慈濟人愛灑人間
是解危脫困不二法門

人類的希望在大愛

生存在這個
瞬息萬變的世界
為知天下事
奉獻所知所能
克盡做人的本分
新聞不得不看

有線無線傳來的
多是怒目相向
穢言穢語
動刀動槍
深入報導一再重複

好人好事像天空流星
一閃滑過了無痕
我總是打開大愛電視
洗刷心中的鬱悶

慈濟人與
五種膚色的地球村民
以歡顏相迎相送
以溫情相互撫慰
以愛心相互關懷
以感恩心彼此祝福
一幕幕溫馨場面
使我心情舒暢

拯災救難
慈濟人最先到現場

救濟物資
最快到災民手中
災後重建
精神物質並重
為災民重塑新願景
使災區呈現新面貌

人類的希望在
大愛

卷二　如是我觀

臺灣再現奇蹟

「讓真誠的愛普遍於天下」
不是政治口號
是證嚴法師的心靈呼喚
不僅是語言呼喚
並以業績呈現於五大洲

三十多年前
她以精誠感召信眾
獲三十位女善士認同
日省五角錢救濟貧困
贏得社會大眾熱烈響應
成立了慈濟功德會

從事慈善　醫療
　教育　文化四大志業
改善地球村
人文生態及自然生態

以感恩心善待眾生
以大愛和諧族群
慈濟人愛灑人間
慈濟世界到處樂融融
慈濟人為臺灣
塑造了美好形像
臺灣人以慈濟為榮

蘇曼殊的悲劇人生

——讀中副〈革命詩僧蘇曼殊〉有感

我早已知道
他是位傳奇人物
於今才明白
他的悲劇人生

他是「私生子」
又是「混血兒」
母親生他不滿三月
離他而去無影無蹤
他懷著這樣
「難言之恫」的身世

寄人籬下忍氣吞聲
度過他的淒涼童年

他不低頭認命
奮勇向上屢遭挫折
十九歲落髮為僧
又心繫國事
參加革命運動
不計個人得失
為國家民族奉獻犧牲

他的命運
被時代洪流沖激
只運轉了三十五年
留下的詩文畫作
展現他高貴心靈
他的生命之美

美得使人心疼

註：淡江大學中文所碩士顧蕙倩撰文，並附蘇曼殊西服及僧服照片各一張，相貌堂堂，刊載民國九十年九月二十九日中央副刊。

關穎珊之美

關穎珊得天獨厚
形美
質美
力美
智慧美
交織成
完美的生命
給見過她的人
美的感受

我們在欣羨之餘
要重視自身美的素質

使之盡情發揮
展現美的光彩
誠能人人如此
一個美的世界
就會呈現眼前

註：華裔美籍花式滑冰女將關穎珊，六次榮獲美國花式賽后冠。中央日報先後多次報導，並刊登滑冰賽照片。

讚頌瑪麗亞

從瑞典來了
一位嬌客
是泳將
是美麗的小天使

她匆忙來到人間
卻忘了帶她的雙臂
她還是興致勃勃
經營她的美好人生

她三歲開始學游泳
是瑞典國家代表隊員
她與臺北市長小馬哥

競技輕易領先
以她的自傳漫畫相贈
又送九二一災區小朋友

在臺期間舉辦三場
生命關懷演唱會
她臉上的笑容
像綻放的蓮花
歌聲表達他的
愛心、信心與毅力

她發出的人性光輝
是瑞典國家的榮耀
是眾生的理想願望
人人都像她
人間變天堂

（讀中央日報90年11月24日新聞報導有感）

致「超級小子」陳崇崢

你一歲八個月
就捧著書猛看
今年從四年級
跳升六年級
參加全國第一屆
「超級小子」競賽
榮獲總冠軍
打敗六千餘名對手
競賽考試範圍
包括歷史、藝術、文學
數學、物理、化學

試題全部答對
是天才也是通才
你的前程不可限量
希望你健康成長
為多災多難的人類社會
有最好最大的貢獻

解決現實問題
比解答試題要困難得多
除了知識與能力
還要有毅力和道德勇氣
試題答案都在腦子裡
解決困難要排除阻力
到處都有絆腳石

希望你在成長過程中
能體認人文生態環境

堅定你的使命感
無負天賜你超人智慧
中外歷史告訴我們
有不少天縱英才
持才傲物或自甘墮落
潦倒終身足以為戒

我祝福你在人生旅途
披荊斬棘一帆風順
將你的智能
轉化為眾生的福祉

（讀90年12月5日中央日報新聞及照片有感）

梁啓超的多變人生

梁啓超天縱英才
十一歲中秀才
十七歲中舉人
廿四歲辦「時務學堂」
少年得志意氣風發
救國有心無雄才大略

參與光緒新政敗後
逃往海外參與保皇黨
阻撓國父國民革命
民國成立回國
擁護袁世凱當政

袁氏稱帝又反袁
親段祺瑞不久又反段
先後榮膺
司法總長　財政總長
懷抱理想一籌莫展
暗然下台獨自神傷
受莊子啓發
退居「飲冰室」
與古人聊天對話
立功不成留文名

老舍之死

一九四九年以前
左派作家造謠惑眾
為中共搖旗吶喊
拿筆桿打垮國民黨
實現了他們沉迷
馬列主義的美夢
期待民主自由幸福人生

共產黨建立新政權
不忘是鬥爭起家
也要以鬥爭治國
將鬥爭重心

由外鬥轉為內鬥
建國功臣的左派作家
首當其衝
雞蛋裡挑骨頭羅織罪證

老舍不識時務
捲入鬥爭漩渦
紅衛兵小將執法
揪他出來批鬥
拳腳交加頭破血流
自忖難逃一死
到湖邊捧讀毛澤東詩詞
效夕陽沉淪跳湖自盡

這樣的名作家

——讀〈三毛的假面與眞情〉

三毛曾是
海峽兩岸紅極一時的
女作家
三毛文學旋風
三毛文學熱潮
風靡流行勢不可擋
成為青年學子的偶像
我也曾讀過
她的一些作品
發現有內容前後矛盾

對文中情節虛實存疑
即與她熱賣的文章疏遠

〈三毛的假面與真情〉
揭開她神祕面紗
有許多讀者怨嘆
被作者欺騙愚弄
三毛的人生是幕悲劇
她誤導讀者
是無心之過

她沒有理想
沒有責任感
沒有是非觀念
一切作為憑感覺
隨心所欲遂其所願

類似三毛者屢見不鮮
讀其文觀其行識其人
以免被受愚弄
我為三毛浪費才華悲哀
對錯選偶像的讀者們同情

註：讀民國九十年六月三十日中央刊載〈三毛的假面與眞情〉，作家江月英撰文，旅行家馬中欣提供圖片。文情並茂，指證歷歷。可爲舞文弄墨者戒，輕信偶像者省思。

樂極生悲

英國的失業工人基承
中了一百八十萬英磅
樂透大獎
買豪宅名車
經常躲在家裡
喝酒看電視
醉死在自家沙發上

他單身獨處
沒有至親好友
他曾打算
將所有財產

留給他的狗
如基承這樣的人
古今中外皆有

有錢樂極生悲
有名樂極生悲
有權樂極生悲
古往今來一脈相承
前仆後繼青勝於藍
何只是個人的不幸
更是人類社會的亂源

今日世界三悲為患
形成重重危機
精神文明跌落谷底
紛爭擾攘戰禍連年
毀滅性大戰迫在眉睫

以愛心平常心為人處事
天下才得太平安樂

註：閱讀民國九十一年元月十日中央日報一則新聞有感。

天堂地獄一念間

天堂是人人嚮往的樂園
地獄是人人驚恐的地方
天堂何在？
地獄何在？
很多人誤判方向
想奔往天堂
卻誤入地獄

前往天堂之路
是清幽彎曲小徑
步履踏實披荊斬棘
平心靜氣向前行

沿途欣賞風景
身心舒暢無怨尤
不期而達天堂之境

地獄常在大路旁
繁花美景裡
隱藏懸崖陷阱
燈紅酒綠攝魄消魂
高官厚祿權柄大
自我陶醉精神恍惚
無心闖入地獄門

彩券

地球村括起彩券風
臺灣寶島不後人
公益彩券齊上市
對對樂
吉時樂
樂透
風力強勁
吹起發財夢

無心工作競業
不想勞心勞力
等候財神爺上門

癡心妄想做富翁
精神廢弛慾望上升
全心投入無斬獲
併發很多後遺症
公益何在？

自由的聯想

自由這個響亮口號
喊了一個多世紀
喊出美麗的奇葩
結成豐碩的果實
奇葩使人抒暢心懷
也使人意亂情迷
果實使人健身益氣
也使人成癮墮落

自由這把雙刃利劍
能護衛自身安全
也能傷害別人權益

是專制獨裁的剋星
也是損毀無辜的殺手
功與過寫成的近代史
使人是非難分

自由是人際活動
空間的分隔線
人類的生存空間
因人禍天災日漸萎縮
地球村人口不斷膨脹
摩肩接踵紛爭日多
要想共存共榮
只有建立互助互利的
人格化自由規範
共同履踐

註：閱讀民國九十一年元月二十一日中央日報副刊韓濤先生的方塊文章「人格化自由」有感。

如果

如果
人與人之間
手挽手
心連心
發揮各自智能
妥善開發運用
共同擁有的資源
必能創建一個
人間天堂

如果
有名必爭

有利必奪
想據天下為己有
要享盡人間福
只會落得
心勞力瘁抱憾以終
兩手空空
進地獄

如果
強國想獨霸世界
持強凌弱
敲骨吸髓
養肥自己國民
縱容腐敗猖狂
逞一時之快
將自食惡果
自取滅亡

·91· 如果

如果
能在幸與不幸
模糊地帶
冷靜思考
以愛心化解仇恨
以互助替代對抗
就會日漸與天堂接近
遠離地獄
看到天堂美景

科技·經濟·人文

——人類何去何從

科技

科技能無中生有
製造各種化合物
供人類生活所需
送人上月球
發射人造衛星
運行外太空
使人類視野無限擴大
探索宇宙的奧秘
開發原子能動力

成為人類需求的資源
資訊網路無遠弗屆
電腦功用無所不能
機器人應運而生
機器動物結隊成群
生物基因解碼
複製動物誕生
也能複製人
改良動植物品種
能使自然生態改觀
科技發展無止境

經濟

經濟是個古老話題
經世濟民是
歷代聖君賢相的

施政重點盡力經營
開創了一代代太平盛世
昏君佞臣只知玩世享受
視平民百姓如草芥
使政治腐敗民不聊生
禍亂相循人心思變
造成一次次改朝換代

人類進入二十一世紀
交通便捷資訊發達
將世界變成地球村
相互依存日趨密切
列強經濟競爭
掀起盲目追求成長
掠奪貧窮國家經濟資源
富者揮霍無度精神墮落
貧者困在飢餓死亡線上

貧富都陷於危機

人是社會的主體
科技成就與經濟成長
是人以心靈智慧所創造
由人類支配運用
分配使用不當
即產生負面作用
檢視當今的人文狀況
使人怵目驚心
為人類前途憂心忡忡
已到了存亡絕續關頭

人類健康已亮起紅燈
心理病態症候群在擴散
憂鬱症　躁鬱症
精神分裂症　妄想症

造成很多家庭悲劇
離婚率快速上升
家庭暴力頻傳
父母子女兄弟姐妹
相互虐殺遺棄屢見不鮮
倫理道德淪喪已失人性

社會出現一片亂象
爭權奪利肆無忌憚
冤冤相報愈演愈烈
有錢有閒者惹是生非
目空一切盛氣凌人
飆車族隨意砍人
目無法紀向公權力挑戰
貪官横行盜賊囂張
善良百姓寢食難安
忍氣吞聲無以自保

地球村瀰漫著火藥味
種族對立欺視
宗教傾軋較勁
為復仇雪恨
積極備戰
印巴　中東
戰火一觸即發
倘發生連鎖效應
核武戰生化戰
將毀滅全人類

危機正在升溫
無緩解跡象
為謀生活求生存的大衆
似無暇顧及身在險境
那些強權領袖們
在縱橫捭闔助長聲勢

為爭世界霸權不惜一戰
戰禍迫在眉睫
息爭求和解除危機
刻不容緩
地球村的同胞們
我們是生命共同體
憑我們現有知識與科技
運用我們共有的資產
可建設我們共享的樂園
以愛消除彼此間怨恨吧
以溫情互慰心靈創傷
以合作代替對抗
以謙卑取代傲慢
一切問題都可迎刃而解

日曆

撕下今年的
最後一張日曆
在我臉上出現
第七十四個年輪

這個年輪輾出
我的三本書
書中的情緒反應
都無關我自己

天災人禍相煎日急
將地球村推向末日

紛爭不斷大戰在眉睫
流行病迅速蔓延

科技夾帶著生存危機
精神文明日漸消沉
今天的日子難過
明日的希望在那裡？

送走失落的一年
掛上迎春接福新日曆
福禍相隔的一線
就在人心方寸中

賀《葡萄園》創刊四十週年

暢遊葡萄園
二十多年
園地不斷擴大
景致常保優雅
周圍空污嚴重
這裡仍是
亮麗的一片天

辛勤深耕密植
葡萄架上
枝葉茂盛
碩果垂枝

我留連詩園
品嘗營養鮮果
結交詩友
歡敘詩情
樂在其中

我期盼和祝福
有更美好的遠景

神州的新貧族

意氣風發的
青少年們
衣袖裙襬掀起
一陣陣流行風潮
一波波時尚熱浪
象徵經濟起飛

他們的格調
高人一等
他們的形象
使人欣羨
走在時代的尖端

生活並不快樂

豐衣足食
經常進出遊樂場所
而需求的欠缺太多
支領高薪入不敷出
寅吃卯糧口袋空空
總是感到日子難過

新手機不斷上市
卻無錢即時更換
上網談戀愛
時間不夠難得盡歡
心中常有很大壓力
無法化解向誰傾訴

他們的腦細胞被物化

他們的人生觀被扭曲
他們的高消費
能促進經濟成長
他們非理性行為
使人文精神墮落

註：閱讀民國九十一年元月二日中央日報，一則新聞報導有感。

雲南詩之旅

序言

雲南鄉親
邀請秋水詩刊
同仁和詩友
前往作客
詩刊發布訊息
獲熱烈回響
紐西蘭　外蒙古
海峽兩岸三地的
詩友們向雲南會合
賓主相偕

遊覽觀光採風問俗
明山秀水暢胸懷
開會座談有共識
留下美好回憶

昆明

桉樹沿滇池畔排列參天
立碑銘文：天下奇觀
石林巍然聳峙
為地殼突變作見證
九鄉溶洞群的神奇
啓示我們人難勝天
十三族群的民族村
展示文物表演技藝
高樓大廈成都市叢林
七彩雲南購物中心
品質保證不二價

突顯精神文明

大理

大理世稱東方瑞士
蒼山十九峰十八溪
峰雲雪花松五大奇景
瑞士無處能比
三塔寺觀音塘
發人思古幽情
洱海碧波蕩漾悅目怡情
船上歌舞扣人心弦（註）
虛擬的桃花源
想像的香格里拉
難與相比

註：我們所乘遊輪上層有幾個隔間，設有卡拉ＯＫ及歌舞劇場，供遊客玩樂，可一面流覽海上風光，一面欣賞歌舞。

女兒國

瀘沽湖畔的女兒國
是世界僅存母系社會
女人當家作主
沒有婚姻糾紛
亦無家庭暴力
我們住在
女兒湖風情園
與他們家族
相處兩晝夜
分享他們的生活樂趣
我欣喜又羨慕
其樂融融

寄望中共繼續改革開放

共產黨摧毀了
國父革命建國理想
鄧小平改革開放
實現了國父若干主張
參考臺灣奇蹟樣板
帶給中國人希望

江澤民　朱鎔基
繼志有成
社會安定經濟起飛
人民生活水準提升
在國際舞台展露頭角

二十一世紀是
中國人世紀已現端倪
卻也面臨挑戰
經濟成長不平衡
拉大了貧富差距
貪污腐化像野火燎原
濟貧肅貪難如民願

消滅特權效果不彰
防治犯罪瞻前顧後
只有掃除重重障礙
才有領導世界希望

兩岸關係良性互動
是中華兒女出頭契機
山姆老謀深算布設陷阱
激發兩岸對立

圖謀一石二鳥
消除他競爭的對手

請兩岸領導人
發揮大智慧
凡事互相尊重互助合作
發揚中華文化
調解國際紛爭
促進世界大同

含淚憶祖先

樹有根
水有源
人有祖先
做人不可忘本

人到暮年
懷舊心日切
舊人舊事
常縈迴腦海
對祖先的追思
都在夢中

幾年前返鄉探親
帶回一套族譜
常在夜深人靜
閱讀沉思不禁潸然
宗祠裏奉祀的
方汪氏歷代祖先神位
立現淚光裏

一位同姓不同宗的
知交好友
在相聚時問我
同姓不同宗的由來
那是一頁傷心血淚史
我含悲細說從頭
我們是方孝孺公後裔
他生不逢時

身為翰林院侍讀
文淵閣大學士
明成祖篡位
命其草擬登極詔書
他抗不從命
咬舌滴血在金殿玉階
當群臣面前寫個篡字
被誅十族（學生也被株連）
捕殺八百七十餘人
我族改姓汪四處逃生

由安徽潛山逃往陝西
再遷河南、江西
又回到桐城、潛山
都以姓汪為掩護
後為追念祖先
加方字於汪姓之上

乃方汪氏複姓由來

因年代漸遠
為顧及現實諸多問題
又不能用方汪複姓
是我族人的悲哀
命由天定
運難掌握
只有默默地承受
榮辱銘刻在心

晚年情趣

卸下公職的擔子
吃口退休閒飯
想感恩圖報
我將久經體察
自然及人文生態
思索與眾生有關的
切身問題
說出自己的願景
徵求大眾的認同
寫成一序三書
寄贈國內外親朋好友

教育文化界知名人士
請予評鑑指教
對保護自然生態
　改善人文生態
　消除眾生苦難
　　增進全民福祉
是否探索到問題核心

陸續獲得回響
有的獎勉肯定
有的視為同道
有的寄以期盼
有的給我鼓勵
意外的豐收
使我滿懷溫馨
活得更有情趣

預先告別

該做的
能做的
我都已盡心盡力
再耗下去
就是生命的負債

愛我知我者別難過
該為我高興才是
因為我已回歸自然
躺在大地母親懷抱
無憂無慮直到永遠

卷三　三月詩趣

前言

三月詩會，是自然形成的詩人小團體，沒有組織規章，沒有領導人，而有默契，已跨入第九個年頭。定於每月第一個星期六聚會，現有會友約二十人，中午聚餐（自由參加），餐後品茗論詩，召集人為當然主席，詩友依坐次宣讀自己當月的作品，自由發言，進行討論，氣氛幽默詼諧，笑聲掌聲不斷，也有相持不下的場面，認知不同，各持己見，相互尊重，無傷大雅，卻能使彼此詩情發酵，妙趣橫生，同樂歡暢。

聚會結束前，下月輪值召集人，出下月「詩題」。所謂詩題，只是個範圍，是個方向，是個理念，或者是個具體的事物，任由作者從那個角度、層面切入，以彰其面向、功能、效益與價值，有寬廣的揮灑空間。每人的詩作絕無雷同，各異其趣，各展才華，詩如其人。三月詩趣駐顏養心，三月詩友樂此不疲，已出版四本同仁詩選集。

人物春秋

蔣氏父子

肩負國家民族百餘年
被列強侵凌的奇恥大辱
承受國際共產主義者
無中生有的誣衊攻訐
面臨日寇蠶食鯨吞
三月亡華的挑戰
在軍閥割據戰禍連年
民窮財盡的情勢下
東征北伐救亡圖存
贏得八年抗日戰爭勝利

國登世界五強之一
國人被中共宣傳迷惑
致大陸赤化沉淪
政府遷臺實行三民主義
從事政經及教育建設
民富國強開創新局
舉世稱讚為「奇蹟」

李國鼎

先生才德兼備
受兩位蔣總統賞識
綜理財經大計方針
領導國家經濟建設
無私無我至公至正
扶助中小企業奠基礎
獎勵研發新科技創高峰

不見他喊口號作秀表功
只看到他的身影與腳印
帶兩袖清風飄然而去
鞠躬盡瘁典範長存

李登輝

他秉持國政十二年
操縱修憲擴大總統職權
結黨營私搞臺獨
視中華民國為外來政權
懷念他的皇民身分
一心嚮往東瀛祖國

（原題：人物）

十月的歡悲

一九一一年十月十日
辛亥革命改朝換代
中華民國帶來新希望
舉國歡騰樂極生悲
疾風驟雨電閃雷鳴
災禍連年歷劫重生
成為世界五強之一
旋又失魂落魄走避海島
開創了政治經濟奇蹟
於今又開始沉淪

一九四九年十月一日

出現一個新政權
厲行清算鬥爭
瘋狂大躍進
搞文化大革命
錦繡河山變人間地獄
改革開放現生機
加快腳步向前邁進
社會安定經濟起飛
在國際舞台展露頭角

十月歡悲
在海峽兩岸反反覆覆
對峙均勢漸失衡
有人幸災樂禍
有人乘機攪局
圖謀坐收漁利
全體的中國人啊！

敞開胸懷張大眼睛
凡事互助互利互包容
切勿激情失智互傷害
自毀中華民族美好前程
（原題：十月）

爲人禍天災解套

九一一攻擊事件
納利風災接踵而來
地球村民籠罩在
人禍天災陰影下
膽顫心驚痛苦度日
還有政客蕣民壓榨欺凌

綁架　詐騙
情殺　仇殺
飆車砍人
悲劇不斷上演
愈演愈起勁

越演越兇殘

萬惡之源是個貪字
貪名　貪利
貪權　貪色
貪　貪　貪……
貪念大流行
終將人類推到末日

用愛心從事政治
以互惠發展經濟
利己利人全力以赴
損人利己切莫為
地球村太平
全民安樂

（即原題）

致老友

——公廁賞詩

小號

滴 滴 滴……
慢慢來
不要急

大號

解不出
多蹲會
別用力

莫生氣

是非曲直人皆知
對牛彈琴有何益
生氣傷身體

附註：這首即興之作，是民國八十四年詩人節，我們三月詩會幾位同仁，參加詩人節慶祝大會後，再去臺北市政府文化局主辦的「公車賞詩活動」，發現我們同仁無詩作入選。王幻兄戲言：咱們也來辦個「公廁賞詩」如何？我即時寫成上列拙作，早已忘了。麥穗兄示我原稿，並爲我潤飾數字，益臻情趣，謹致謝忱。

馬經

馬名列十二生肖
莫定牠的人間地位
到處為牠修馬路

指揮官在馬背發號施令
戰士們以馬首是瞻
陣亡以馬革裹屍為榮

千里馬未遇伯樂
長才莫展有志難伸
只好馬馬虎虎度日

斑馬以一身斑紋
保護行人過馬路
甘願任人踐踏

辦事馬到成功
馬上受人青睞
隨之名利雙收

（原題：馬）

花店

路經花店
撲鼻的花香
盛開的花容
含苞待放的媚態
百花爭奇鬥艷
吸引著我

走進花店
悅目怡情
消煩解憂
花的世界真好
流連不捨又無奈

我只是個過客

（即原題）

落花

曾經
迎風招展
亮麗
芬芳
惹人愛戀

於今
花容憔悴
老態畢露
被時光摧殘落地
任人踐踏
情何以堪？

人啊！
何不自省自憐
自古以來
多少帝王將相
多少才子佳人
風光一時
於今安在？

天地萬物
有始必有終
喜怒哀樂
悲歡離合
是生命的過程
凡事盡其在我
一切隨緣

（原題聯想）

春之禮讚

將寒冬趕走
拒炎夏進來
經營綠色大地
讓種子發芽
催百花吐蕊
把原野點綴得萬紫千紅
釀出勃發生機
給人間帶來新氣象

帶我走過七十多個歲月
引領我度過苦難
恩重如山

永遠不忘
現在待我更優厚
我還是心存貪婪
（原題：春）

秋的獨白

在四季如春的寶島
我的風華褪色
沒有秋霜落葉
供騷人墨客詠懷
我引以為榮的明月
也蒙塵暗然
我已不是人們心目中
唯一豐收的季節

詩人啊
別忘了
在另一片天空

我的風華依舊
等著你去吟詠
桂子飄香
金菊情韻
欣賞
我的風和月

（原題：秋）

人間四月天

人間四月天
是以血淚寫成的
愛情悲劇
轟動中國新文藝運動
興起的年代
不久前在臺灣
拍成電視劇上演
叫好又叫座
成為流行話題

男主角名重詩壇
女主角浪漫頹廢

男主角元配才德貌美
女主角夫婿壯年儒將
兩家男主人是知交
風流詩人愛上濫情女子
背棄父母賢妻好友

名詩人的「單純信仰」
——愛、自由、美

胡適曾為他背書
經實驗原是幻想
他的心上人
和別人上床
被他撞見竟不敢聲張
為滿足他的安琪兒揮霍
奔走京滬兩地兼職賺錢
搭便機遭空難

結束了三十五年生命
他出身名門
上天把最好的
都給了他
他卻不珍惜

（原題：四月）

慢跑

我先天不足
後天失調
體弱多病
想藉運動健身
因身材五短
反應遲鈍
各種球類運動
都不適合我

我長期捧著
公務員鐵飯碗
時間場地受限制

孔方兄把我管得很緊
健身房武術館
都不准我進去
只好選擇了慢跑

跑得頭髮
由黑轉灰變白
眾多宿疾
都跑丟了
全民健保卡
第一張A卡
看病紀錄欄
還是空白

（原題：運動）

山的自述

我們的族群
在地球上
星羅棋布
巍然屹立億萬年
經營美好的自然生態
以竟神明造化之功

我們沒有策略
不用計謀
敞開胸懷
讓萬物比鄰而居
使不同的族類
相生相養

各自調適
得以繁衍綿延

我們的百態千姿
展現怡情的風景
我們體內蘊蓄著
豐盛的資源
地球村因我們而富麗
萬物擁有我們而昌盛

我們沉默以教
無為而治
萬物之靈的人們啊
你們不安分守己
是使我們最傷心的
一群

（原題：山）

人類這齣大戲

姑且不論
是盤古
抑或耶和華
自編自導
人類這齣大戲
揭開序幕後
原創的編導
即自行引退
由人類自由發揮

編導不計其數
手法技巧不斷翻新

愈演愈感性
越來越激情
劇場已擴及外太空
劇情的發展
不知是喜劇收場
還是以悲劇落幕

輪到我們這一代上場
從小演到老
悲劇日益增多
喜劇逐漸減少
這樣的演下去
往後的接班人
恐怕都要扮演
悲劇角色

盼望

新上任的編導
本道德良知編劇
以大愛詮釋劇本
連續演出
知性又理性的喜劇
台上台下歡欣
永不落幕

（原題：戲）

人類這齣大戲（重看續寫）

人類這齣大戲
演了千萬年
愈演愈荒腔走板
愈演愈突顯暴力

現正上演
慾海愁城攻防戰
演員情緒
歇斯底里

台詞不斷作
新的詮釋

刺激就是快樂
強權就是公理

我看歷史的悲喜劇

蒼茫宇宙
出現一顆閃亮的行星
蘊藏著豐富的資源
孕育出聰明的人類
從生活歷練中
創造文明

文明是形形色色的道具
由不同的角色扮演
人間悲喜劇
劇情隨道具與時俱進
愈演愈精彩

喜得瘋狂悲得悽慘
劇情正向高潮發展
不知是喜劇收場
還是悲劇落幕
全看編導的道德良心
演員是被擺布的一群
編導亦在劇情中浮沉
（原題聯想）

我憂心這場悲喜劇

我時常回顧
人類歷史的悲喜劇
已預感到劇情逼進高潮
想不到九一一這天
就轟然震驚全世界
哀嚎聲　憤怒聲
歡呼聲　雀躍聲
悲到極點　樂近瘋狂

悲喜劇才揭開序幕
不知編劇和導演
如何調整劇情

怎樣搬弄手法
各本良知良能愛人如己
以悲劇開場喜劇落幕
是地球村子民之福
否則　將同歸於盡

（原題聯想）

詠懷古蹟五首

一、國父史蹟紀念館（逸仙公園）

暗黑色的「理想瓦」
覆蓋著白圍牆
阻隔了鬧市塵囂
蒼松翠柏綠竹
曲徑小橋涼亭
迷你湖裡錦鯉悠游
遊人神情虔敬

庭院中的小木屋
室內陳設簡樸
壁上那幾幅圖文

是國民革命的縮影
書架陳列的典籍
是以先烈的生命寫成
國父博愛的胸懷
展現世界大同的遠景

註：國父史蹟紀念館，又名逸仙公園，位於臺北火車站東側北平東路口。原是國父民國二年來臺時下榻的「梅屋敷」旅館，民國三十五年以原址建國父史蹟紀念館。七十二年因鐵路地下化，北移五十公尺，照原樣遷建，並興建大門牌樓及圍牆而成逸仙公園，清幽雅潔，俱有社教及休閒的功能與效益，我遊憩其間，撫今思夕而興感懷。

二、都江堰與二王廟

汪汪清流
流了二千多年
流出一個天府之國
流出中國人的驕傲
流出一頁光輝的歷史

流出為官的典範

李冰父子鞠躬盡瘁
費盡心力興建都江堰
將泛濫的洪水導入
變成養民的源泉
皇帝崇功賞賜
百姓感恩建廟奉祀
二王居高俯視含笑

註：都江堰位於四川省灌縣境內岷江水道上，興建於戰國時代，距今二千二百餘年，有防洪、航運、漂木、灌溉四大功能，現設都江堰市。乘坐都江堰索道吊籃上二王廟，居高臨下，青山翠谷綠水及田原農舍，一覽無遺。我懷虔誠之心，向二王塑像行禮致敬。

三、敦煌莫高窟

遠看那座
荒涼的小山

半山石壁上
有高低大小不一
四百九十二個洞
像一長串黑珍珠
那就是
敦煌莫高窟

進入洞口別有洞天
彩繪浮雕
盡是精緻文化
藏有儒道佛經典
歷經十個朝代
一千六百多年
形成敦煌學
敦煌藝術

註：敦煌在甘肅省境內，是古絲路的通商重鎮，現設敦煌市。莫高窟在市區外二十五公里，經前秦、北涼、北魏、西魏、北周、隋、五代、宋、西夏、元等十個

朝代陸續開鑿而成，編號列管維護的有四百九十二個石窟。石窟內除了儒道佛經典，還有史地、文學、藝術、天文、醫學、社會學等文物資料，爲研究這些資料而形成「敦煌學」。敦煌美術、建築、樂舞、壁畫、絹畫、紙畫、刺繡等統稱敦煌藝術。

四、武侯祠

大紅圍牆正門兩側
那對雄偉的石獅子
護衛著蜀漢君臣
五進庭院史蹟展現
武侯的文治武功
名垂青史

那尊金身塑像
綸巾羽扇神態自若
岳飛手書的前後出師表

裴度所撰的三絕碑文
都呈現了
武侯的內心世界

註：武侯祠在成都市城南三公里處。其實是蜀漢君臣祠，林園內有劉備殿、劉備墓，前殿兩邊，有文臣武將塑像各十四尊。樓、台、亭、園、堂、池各有典故。「三絕碑」是頌揚武侯的豐功盛德，由三度爲唐朝宰相的裴度撰文，成都府少尹柳公綽書寫，盛德名文好書法，後人稱之爲「三絕碑」，原名「蜀相諸葛武侯祠堂碑」又名「唐碑」。

五、岳陽樓

雄踞長江岸邊
原是東吳水師閱兵台
屢經改頭換面
成為現在的
岳陽樓
范文正公為文揄揚
使之名聞遐邇

黃色琉璃瓦
翹角飛檐
深三間高三層
典藏書畫詩文
洋溢天地正氣
呈現人間美景

註：北宋巴陵郡守滕子京，於慶曆（宋仁宗年號）五年重修岳陽樓，求范文正公爲文記之。范公寫了一篇三百六十字〈岳陽樓記〉，述事、寫景、抒懷，言簡意賅，文情並茂，以「先天下之憂而憂，後天下之樂而樂」引伸儒家政治思想的愛民精神，傳誦千古，岳陽樓名亦隨之。

（原題：古蹟）

水的功德

我們的身體
百分之七十以上是水
水是我們生命的源泉
健康無可取代的要素

為我們營造
美好的生活環境
滋生萬物
供我們欣賞使用

為提升我們生活情趣
化身冰雪霜露

塑造自然美景
成為詩畫創作意境

水的功德
給我們恩惠
數不清說不完
感恩不盡
受惠的人類恩將仇報
無情的污染水源
慢性自殘
何其愚昧

（原題：冰·雪）

楊柳

在植物世界裡
楊柳族群出眾
一對孿生兄弟
分成兩個家族
楊枝昂揚像威武將軍
柳枝低垂如謙卑君子

趕走冰雪寒冬
迎來春暖人間
大自然重現生機
楊柳各展風華
撩起詩情畫意

激發創作靈感

註：摘《辭源》、《辭海》詮釋：楊為落葉喬木，與柳相類。柳枝下垂，楊枝上挺。果實中著白毛者，謂之水楊，即蒲柳也。春開花，亦稱柳絮為楊花。

悼念劉菲兄

我們在三月詩會結緣
情誼隨歲月加溫
我們合編《三月風華》
詩會同仁詩選集
你因主編〈世界詩葉〉太忙
交由我全權處理
你撰序文我寫後記

你提倡「古體新詩」
我模仿習作呼應
你為我潤飾刊出
我才真正認識了你：

拿槍桿握筆桿保衛國家民族
寫新詩倡古詩發揚中華文化
鞠躬盡瘁積勞成疾
帶悲憤懷理想飄然而去
使我由哀的敬佩
永遠的懷念

卷四　心靈感應

人不服老感懷深

——讀《心橋足音》有感

麥穗

人生七十古來稀。這是中國人的一句老話，人生七十才開始，這是前總統府秘書長張群先生名言。今天科技發達，醫藥進步，加上今人注重營養，注意健康，七十歲並不真老。我友汪洋萍兄一九二八年生，今年已高壽七十有四，除頭髮略見銀絲，四肢健勁，心腦清敏。今年七月，偕詩友遠赴雲南高原探詩友訪名勝之前，在文史哲出版社一口氣同時出版《心橋足音》、《鄉居散記》、《友情交響》三本詩文集，非但是汪兄老當益壯，寶刀未老，也證明了人生七十今非稀。更令人欽佩不已。

讀畢「洋萍三書」，發覺洋洋兄不但詩寫得平實穩當，而在評詩論文方面，也有其獨到的見解，顯示了他始終堅持實話實説、真情實寫，直抒胸臆的態度，與洋萍兄以詩論交數十載，一向對其平實坦誠，尚真尚善的詩風，敬愛有加。故特在其三書中選擇了詩創作集《心橋足音》，來抒發些讀後的感想。

「我不是詩人」，是洋萍兄一直掛在嘴上的謙詞，他寫詩是為表情達意，不求新奇搞怪，媚俗取寵，他曾說：「我寫的傳統詩，未嚴守傳統詩的格律，我寫的現代詩，也多不合現代詩意象化與朦朧感的時尚，無論是傳統或現代詩，都是為表情達意。」詩言志本來就是一種表情達意的工具，如果為了譁眾取寵，刻意去製造一些花詞巧句，弄得個詞意向背，把讀者帶進五里霧中，這種詩不寫也罷！《心橋足音》中有一首題為〈我的白開水〉的詩，就是為自己的詩下的註腳，這首二十六行的詩，開宗明義的第一節寫道：「有人說我的詩／像白開水／真是我的知音」。白開水是一種無色無味的流質，雖無營養價值，但卻是維護生命不可或缺的要件，有人喜歡喝茶，有人愛喝咖啡，更有人喜歡酒或果汁、可樂。但這些經過加工加料的水，就像洋萍兄所說如一首首經過意象塑造，朦朧裝飾的現代詩。他在詩的最後如此說：「當下有些流行的／名牌飲料／口感好／使人飄飄欲仙／產生幻覺與妄想／隨之而來的是／失落與惆悵」。白開水雖然無味，但清水絕非都是淡而無味的，大家聽說過「荒漠甘泉」嗎？荒漠中的泉水，深山中的澗流，都接受過清涼甘美的讚譽，讀洋萍兄的詩，就像掬飲澗泉，清淡中有一份提神醒腦的甘洌。

《心橋足音》與他的第二本詩集一樣，是一部今古詩歌的合集。其中古體新詩二十首，新詩九十五首。雖然洋萍兄自謙地説過「我寫的傳統詩，未嚴守傳統詩的格律」。其在《心聲集》中，二十幾首以口語化寫的傳統詩，雖然詩語言白了些，但嚴謹的創作態度，仍守住了傳統詩的分寸。最近過世的「三月詩會」同仁劉菲，生前在其主編的《世界詩葉》上大力提倡「古體新詩」。這種用社會語言寫的，押韻的五言、七言詩，恰恰與他用口語化寫傳統詩的設想契合，於是成了實際以行動支持者之一，這二十首發表在《世界世葉》，被大陸詩評家古遠清教授稱為極具中國民族特色的十四行古體新詩，從政治、經濟、軍事、外交到命運、生死、自省、展望，可見是一系列主題嚴正的作品。但在劉菲主張的「看得懂聽得懂的原則要求和洋萍兄生花妙筆下，沒有教條和枯燥的感覺。可惜劉菲在古體新詩在未獲得定論前撒手西歸了，今後此一詩體將何去何從，希望洋萍兄持之以恒，再接再勵，並希望有園地，使其開花結果。

在新詩方面，洋萍兄以充滿著愛與關懷為主軸，如卷二〈感世抒懷〉這輯中，他關懷大地、關懷國家、關懷環保、關懷震災等等。卷三的〈相契偕遊〉，雖大部分為參加詩文交流訪問時的見聞和感想，但依舊有部分關懷社會表達愛心的篇章，如〈玫瑰仙子〉、〈人生方向的標竿〉、〈失智老人〉等等。第四卷〈三月詩情〉，是一輯三月詩會的成績單，在這一輯中可以看到三月詩會同仁們退而不休，老而不朽的一面。這些詩題都是三月詩會同仁的共同作業。雖有時也會出現敷衍了事，或文不對題的作品，但洋萍兄一直卻是認認真真地寫，虛虛心心地接受同仁的意見，是三月詩會中受敬重的同仁之一。在這些作品中，你可以讀到許多與他原來風格不盡相同的字句，就是他接受別人意見，修正後的面貌。但他也有擇善固執的一面，對於國家、民族、主義、領袖等，是不容許有所曲解、污衊和不敬的。

《心橋足音》第五卷的〈小詩薈萃〉，是我較喜歡的一輯，與洋萍兄相交數十年，竟然不知道他是寫小詩的高手。這輯二十首詩中，自三行至十行不等。其中三至六行是精品，似乎首首都可以當作座右銘或語錄來欣賞，如：

靈魂與手連線
經筆尖流露
詩人的心聲（一九六頁〈寫詩流程〉）

前面我說過洋萍兄的詩風「平實坦誠，尚真尚善」。其實他的詩中亦不乏意境之美，祇是不刻意塑造，而是發乎自然的流露，茲舉〈財經話題〉為例（一五四頁）

財經像一道彩虹
予人美感

引人遐思
使人憧憬
美好的未來

財經像把七弦琴
可演奏美好的
生命樂章
操琴者往往
心有旁騖
忘了譜彈錯調
後悔莫及
空遺恨

財經是一項專業的冷漠而無情的話題，但在汪洋萍的筆下，可以表現得有聲有色，這就是行事一板一眼的洋萍兄，深藏的詩人情懷。其實汪洋萍還有一份鮮為人知的幽默感，記得民國八十四年詩人節那天，大伙兒參加了一個亂糟糟的慶祝大會，然後移師臺北市政府，參加一項該府文化局舉辦的「公車賞詩」活動，在拿到的資料中，發覺我們這伙中大概與選審大員們有理念上的差異，所屬詩刊、詩社的成員都被排除在入選名單外。坐在政府提供貼滿著入選詩作的公車上，詩友王幻兄戲言道，咱們也來辦一個「公廁賞詩」如何？只見不苟言笑的洋萍兄掏出一紙，即興成題為〈致老友〉的詩一首，詩曰：

小號

滴　滴　滴
慢慢來
不要急

大號

解不出
多蹲會
別用力

莫生氣

是非曲直人皆知
對牛彈琴有何益
生氣傷身體

這首型如打油詩的諷譏詩，曾引起詩友們一陣大笑。可見洋萍兄對不如意事付諸一笑的豁達胸襟。此詩稿被我塞進口袋裡，一直保留至今，可能洋萍兄早已不記得了，今乘祝賀「洋萍三書」出版，特附於文末以免埋沒。

（本文原載《全國新書資訊月刊》36期）

服務人生

——讀《鄉居散記》有感

華中師範大學文學院副教授 王常新

汪洋萍先生在《鄉居散記》自序中説：「我的詩文是眼見世界人類，在加速奔向未來的途程中，險象環生，觸景生情的思維片段。是寫給社會大眾看的，希望與讀者作心靈溝通，獲得認同，以促使沉迷虛幻夢境者，回到現實人生，發揮智慧，付出心力，共同創造更美好的生活環境，及美好的人類世界。」

這段話，説明了他的寫作目的是「為人生」。他少年時，讀了孫中山先生的許多原著，從此把孫中山先生的「人生以服務為目的，不以奪取為目的」，作為自己終身的座右銘。由此可知，他的寫作目的正是他的人生觀在寫作領域的體現。

一九九九年十月，臺灣的新詩學會，在理事長王吉隆先生的主持下，在香格里拉農場召開「詩與人生」詩學研討會，汪洋萍的發言綱要是：

一、詩是人生的縮寫，人生是詩的素材。

二、詩的本質是溫柔敦厚，詩的標準是真善美。

三、詩人寫詩要追求完美，立身處世也要追求完美。

四、詩人先要追求自己完美，再期待別人完美。

這四句話，把詩與人生的關係闡述得非常精當，而汪洋萍先生的詩論與詩評，正是這一理論的實踐。

在〈詩的價值觀〉一文中，他指出經過幾十年的流變，各種主義、流派捨棄了詩的功能與價值，以致在評選詩獎時，評審委員們，將真善美與溫柔敦厚予以否定，僅憑意象鮮活及創作技巧，選拔贈獎。他呼籲詩人們：「要本著道德良知及詩人的使命感，重建詩的價值觀。在〈詩不是玩的〉一文中，他再次闡明：「詩是諸多文體中的一種，是最精緻的文學體裁，是美化心靈的營養品，是表達思想與情感的心靈語言。」他再次呼籲：「回歸新詩的正統，再造詩的盛唐。」

他的〈大時代的見證——鍾雷先生《拾夢草》詩集讀後感〉一文，介紹了鍾雷先生在抗日戰爭爆發後所寫的詩篇，像〈北國之旅〉中的：疲憊的雙腿量過萬重關山／讓歲月刻著憔悴的面容／英雄夢牽引著無盡的狂想／一萬本血債要向魔手中討還。像〈飛渡風門口〉中的：聽吧！衝鋒號響了！／我們都上好刺刀；捲起黃昏的風沙／搶關的攻勢像海潮！然後建議教育當局，將鍾先生《拾夢草》詩集裡的詩，編進各級學校教科書及社教教材，以提振人心，改善社會風氣。他認為《拾夢草》詩集裡的詩作，都是真情實感的心聲，值得老中青各階層人士閱讀。

在〈紫色香囊裡的詩情畫意〉一文中，他讚揚涂靜怡小姐新出版的詩集《紫色香囊》裡盛滿了「真情大愛」，她懷著樂觀進取的心走向未來，以感恩心奉獻國家社會。涂靜怡是一位「寫詩要追求完美，立身處世也要追求完美」的詩人。汪洋萍介紹了她的〈成長〉一詩：

錦衣玉食的日子
也許誠然可羨
但經過汗水浸過的歲月
恰歷盡寒霜的臘梅
莫說生命何其短
莫道成長的路途多磨難
只要　只要我們握住自己的方向
只要　只要我們把利字看淡

都將有撲鼻的花香
伴你
成長

接著他評介道：「這是作者自己做見證，現身説法，對當下失去方向的新新人類來説，是多麼珍貴的啓示啊！」汪洋萍和涂靜怡一樣，都在關懷著那些失去方向的新新人類的「成長」。

由於經濟的發展，臺灣不少人追求享受，置倫理道德於不顧，使社會風氣敗壞，汪洋萍有見於此，憂心忡忡，便寫了篇長文〈論如何改善社會風氣〉，希望能引起大家省思，共謀良策，振奮人心，改善社會風氣。在前言部分，他揭示社會風氣敗壞，是受不良政治風氣的感染，以及選舉文化低俗惡質化的影響。在下面幾部分，他提出建言，要求「淨化選舉，樹立廉能政風」、「民意代表權責，應重加規範」、「建立新的道德觀，以正社會人心」、「做好就學、職訓及就業輔導工作」、「導正奢靡浪費的陋俗歪風」、「破除迷信，建立自信」。最後在結論部分，他提出「改善社會風氣，須治標治本雙管齊下」。並正告當局：「標本兼治，相輔相成，相得益彰，使政治修明，人民安樂，社會祥和，是不為也，非不能也。」

這篇文章，觀點正確，議論精闢，建議具體可行，可見汪洋萍先生，是經過深思熟慮後，才動筆寫作的，因而可以斷定，可獲得讀者的認同。

在〈珍惜相聚這份緣〉一文中，汪洋萍先生正確地指出：「現在住在臺灣的兩千一百萬人民，除了少數原住民外，都是從海峽對岸先後遷徙而來，同一祖先源流，繼承了傳統的中華文化，雖有語音稍不相同的方言，表達思想與情感的文字語言仍然一致。祭祖及奉祀神明的風俗習尚相同，衣冠服飾無別，沒有族群問題存在。現在有些政客故意炒熱族群意識，製造族群對立，造成了臺灣政局動盪不安。汪洋萍先生明察秋毫，語重心長地指出：「我們住在臺灣的同胞手足，要慎思明辨，知曉善惡是非，不要被政客愚弄，任其擺布。」在文章結尾汪先生寫道：「我懇切地呼籲政客們，立即停止破壞我們族群融合的一切陰謀詭計活動，同享互助互愛之樂！

這些文字，都洋溢著「真情大愛」，我深信讀者，讀到汪洋萍的大作，一定會被感動和他一同：「發揮智慧，付出心力，共同創造更美好的生活環境，及美好的人類世界。」

二〇〇一年九月廿日於桔子山

談談詩的直述胸臆

成都詩人　木斧

關於詩創作，近年來流行著一種說法，說詩是種暗示的藝術，詩的技巧的最大秘密，也就是通過「象」的捕捉，不同凡響地把意趣暗示於文字之外。這種說法，一般說來是說得通的，如果進一步引伸，說詩「離不開暗示」，「沒有意象就沒有詩」，「只可暗示，不可直白」，這樣說就絕對化了、片面化了，這樣就會把人引入一條死胡同，認為暗示就是一切，寫詩愈寫愈玄，把詩變成了幻影和魔術。

我以為詩的表現方法是多種多樣的，凡可以表現心聲的都可以為詩。意象是一種表現的方式，但不是唯一的表現方式，直抒胸臆也是一種表現方式，即不依靠意象而直接披露自己的感情，可不可以成為一種詩呢？完全可以。這樣的範例很多，不必一一枚舉。剛好，最近我收到了臺灣詩人汪洋萍贈送的一本詩集，所收入的絕大多數都是直抒胸臆的詩。我這裡挑兩首出來，談一談我的認識。

詩情

我手寫我口
我手寫我心
胸中無罣礙
一身輕

我手寫我口
我手寫我心
與人多溝通
樂融融

這詩無意象，有張力。全詩只寫手和口、手和心，便把詩人的情懷烘托出來了。這首詩承了傳統詩詞的手法，注意了音韻和對稱，八行詩中有兩行重複，重複是主題的加強。讀後便能背誦，是這首詩的優勢。

詩人自省

詩人的思潮

能淹沒世界
詩人的夢想
像一道彩虹
詩人的形像
是自己塑造

同樣無意象，有描繪，能夠引發人的感覺，生出許多聯想。同樣用文字極省，文字的簡潔是這首詩的特色。

這樣看來，條條道路通詩園，意象可以入詩，理念也可入詩，暗示也罷，隱喻也罷，象徵也罷，朦朧也罷，各顯其能，統統都離不開生活，生活才是詩的發源地。這裡，我只是提出了一個問題，問題的展開，還有待於詩人和專家們的積極探討。

二〇〇一年寫於成都祥和里沐虛齋

韓濤先生來函

洋萍兄賜鑒：承贈大作，三詩集、兩文集俱已拜閱。恬淡平實中具見性情與德情之輝映。放眼時下文壇，樸實純情如兄者，洵不多見。觀兄贈書內頁題句，一字一筆，俱皆不苟，足見為人治事之謹嚴，君子之風晏如，時下亦靡少同儔。

昨晚燈下讀鄭板橋（燮）詩、詞、畫集，其中一首，頗令醉心；錄之與兄同享其風流蘊藉：

細雨玲瓏葉底，春風澹蕩花心，夢中尋夢最怡情，蝴蝶引人入勝。俗子威登青史，英雄半在紅塵；酒懷豪淡臥旗亭，滿目蒼山暮影。

肅候

近好

韓濤　九十、十一、十二

南方朔先生來函

洋萍先生：

承中副轉來先生贈書，拜讀之餘，能體會先生之文化關懷，十分佩服。吾道中人，讀書寫書，不求聞達，但願於己無愧，於人或許有益，因而不敢媚俗，亦不嘩眾，此種心情，當為先生所體認，或亦為先生之衷腸。來函過譽愧不敢當，當更加努力，並請繼續督促指教。祝

文安

弟　南方朔

二〇〇一、11.、23

浪波先生來函

（河北省文聯主席）

洋萍兄：

大著《友情交響》早已收到。拜讀這部論述精當、印製精美的文集，既感到友情的溫馨，又得到哲理的啓示，一時真不知怎樣感謝才好。「泠泠七弦上，靜聽松風寒。古調雖自愛，今人多不彈。」拙作實為當今新潮之外的別調，自知難追時尚。讀兄文章，幸逢知音，欣喜之情，難以盡述。這也是我遲遲未能回信的原因。

《文譚百題》是我前後經營十幾年的「嘔心之作」。自一九八八年開始，作為一個專欄，陸續發表在河北省作家協會主辦的《散文百家》。去年結集出版，文學界雖有一些反響，但在新潮文論泛濫之時，并未引起時人的注意。雖然如此，但是我並不氣餒。杜甫詩言：「文章千古事，得失寸心知。」一時勝負在於力，千古勝負在於理。正是把握這一信念，對我自己的散文觀，乃至文學觀，人生觀，深信不疑。

良友易得，知音難覓。讀《友情交響》，感到你我不僅是文化觀念的相同，更重要的是彼此心靈的相通，中華文化的悠久傳承，歸根結底，還是孔孟之學的血脈。雖然時代發展變化，西學只可為借鑑，卻不會成為主體。即以五四新文學兩大「盟主」魯迅與胡適而言，他們雖有尖銳對立的學術思想之爭，但是綜觀兩先生的道德文章，卻同樣都是植根於中國傳統文化的沃土。他們都曾經發誓「打倒孔家店」，都曾經嘗試開創「新文化」，但是他們理想的社會藍圖，何嘗不是「大道之行，天下為公」的世界？雖然他們爭論了一生，但歷史的進程卻是「相反相成，殊途同歸」，這也是兩位先生所始料未及的罷。

「人生得一知己足矣，斯世當以同懷視之」。讀《友情交響》有感如是，讀《鄉居散記》、《心橋足音》所感亦然。詩言志，歌永言。深獲我心的是這樣的詩句：有人說／二十一世紀是中國人世紀／我期盼是即將實現的預言／兩岸四地及遍佈全世界的中國人／已展現高度的智慧與成就／正在擴大影響的領域／我們不是要建立舉世無匹的大帝國／我們是要做好地球村一員的角色／開創一個和平均富的樂園。一盞盞明亮的心燈／照耀著一個個純潔的靈魂／大愛的歌聲帶著實惠／展現人間美好的遠景……。樸素的語言，美好的理想。在「和平均富的樂園」，「純潔的靈魂」共同發出「大愛的歌聲」：「我為人人，人人為我」，「老吾老及人之老，幼吾幼及人之幼」，「先天下之憂而憂，後天下之樂而樂」，這不就是我們的古聖先賢身體力行，孜孜以求的大同境界嗎？

臺北相聚，不覺間三個年頭過去了。思念之情，與日俱增。相識是緣份，相知更是緣份之中的緣份。兄已年逾七旬，我也六十有四，讓我們共同珍重未來的日子罷。盼再相會，把酒論詩，促膝長談，各抒懷抱，此樂何極！

專此奉復，並祝

闔府康寧

弟浪波　八月二十九日

邵國維先生來函

（企業家）

洋萍先生：

二月九日上午十時許收到您的來函、讀《一個人的主義》心靈感應、以及五本親筆簽名的詩文大作，真是令我喜出望外，也深感榮幸。至於您在文中的溢美之詞，則實在愧不敢當。

翻閱您的大作，才發現，在十年前我曾經買過您的詩集《心影集》。那時候我就覺得您的詩與眾不同。不但詩的題材廣泛（似乎無事不可成詩），詩的寫法平易近人（有如「白開水」），而且詩中還有濃厚的關懷和理想主義，與時下新詩頗為不同，而自成一格。沒有想到的是：這十年來，您的熱情和理想仍不減當年，還有這麼豐富的成果。

在農曆新年假期（二月九日至二月十七日），我把您的函、文、詩向家人介紹，並仔細閱讀了您的多篇詩文，也更增加了我對您的瞭解與敬佩。

首先，我非常贊同您所說：「詩與文都不是玩的；而是表情達意尋求共識的媒介，溝通人際關係的橋樑，調和人際關係的潤滑劑，紀錄歷史流程的真象，以促進社會文明進步，達到和平安樂的理想。」您的詩也的的確確是在實現您的理想，「言近而旨遠」、「抒情敘事，直陳心意」、「可以提升人的品質與生活意境；不是專為消遣把玩，打發時間的東西。」我衷心期望臺灣有更多的詩人，能夠響應您的呼籲，跟隨您的腳步，因為只有這樣的詩才是對人有益、有價值的。

讓我更加佩服的，是您的人生態度。您說：「我常懷感恩的心，鞭策自己，要竭盡所能，為生我養我，為我舖路搭橋的恩人，有所回饋。」又說：「我過著安適自在的生活。雖然沒有職務在身，沒有家庭負擔，我總覺得，自己支領國家退休俸，有一份國民應盡的責任與義務，不能虛度歲月。……九年來出版了五本詩文集，是我心靈的吶喊，步履的足音。」這種極積為善的生活態度，正是我們現在社會最為需要的。

您年長我二十歲，卻不避路遙，不畏天氣寒冷，前來參加我的新書發表會，又熱情洋溢，不辭勞苦地寫下三千字的〈讀《一個人的主義》心靈的感應〉一文，毫不吝惜地給予我鼓勵，真是莫大的榮幸。我的祖籍恰巧也是安徽，所以對您的厚愛，另有一份特別親切的感覺，更是以有您這麼一位前輩為榮。如蒙不棄，今後還請繼續指教。

敬祝
新年如意

邵國維 上
二〇〇二年二月十八日

溫志峰先生來函

（溫先生任職澳門保安部隊高等學校）

汪老先生：

執筆首祝您身體安康，妙筆常青。由於我有近三個月沒有回廣州，前幾天才收到您惠賜大著，特別高興。故現在才給您回信，望恕。

讀您的大作收獲甚豐，感悟也頗多。當下文壇熱鬧異常，但大都急功近利，重形式創新，隨波逐流，故弄玄虛，缺乏真情實感，藝術底蘊蕩然無存，實在可悲。我向來討厭「玩詩」的操作，主張「誠」字當頭的傳家寶，為文為詩要立足社會，體驗人生，做到真情流露，樸素自然。所以，我常常被人認為是不合潮流的青年人，但我仍會堅持自己的初衷。

「世間百態／不外乎生死／人人為生死所苦／為生死所惑」妙啊，此乃千古人生真諦，一語道破天機。「戰爭不能解決問題／只會滋生仇恨／傷及無辜人民／禍延後代子孫」。此聲如雷巨響，當權者啊該覺醒了，把和平還給人類，讓我們在同一藍天下自由幸福地生活吧。「是非恩怨／交織成綿密的羅網／網住天下蒼生／網內一片嘶殺哭泣歡笑聲／功過各方神明看得見／卻不主持公道／不作見證」。讀到這裡，我眼前不時浮現唐代詩聖杜甫的形象，蒼生苦，詩人憂。

實話實說，真情流露，不飾脂粉，不弄玄虛，大智大慧，這是我讀您老先生詩文後的總體感覺。

晚生溫志峰敬上　二〇〇一年十一月十二日於澳門

註：二〇〇一年七月尾至八月初，秋水詩刊同仁應雲南省昆明市和大里白族自治州文聯邀請，前往詩之旅文化交流，回程在澳門逗留一天，詩友姚京明教授（筆名姚風），澳門教科文中心馮傾城小姐，澳門五月詩會莊文永理事長等，在金城酒店宴請我們，溫志峰先生亦在座，從此結爲忘年知交，是我敬佩的一位青年詩人。

洋溢生命活力的女詩人

——吳淑麗《紫茉莉》詩集讀後感

我收到吳淑麗小姐寄贈的《紫茉莉》詩集的立即感覺：這位小姐好面熟，似曾相識。真是年老健忘，思索一會才想起，我多次在《葡萄園》、《海鷗》、《秋水》等詩刊，讀過她的詩，並留下美好的印象。曾於一九九九年七月間，在中國詩歌藝術學會舉辦的「兩岸女性詩歌學術研討會」會場，一同擔任分發資料及接待工作。那次參加研討會的海峽兩岸的男女詩人，達一百七十餘人，她穿梭詩人群中，服務親切，洋溢著她的詩人熱情。

當我掀開詩集封面的內頁，對作者的介紹，她是一九六三年生，與我的二女兒同年，於是對她又產生親切感。她在相夫教子之餘，投身學校、社區義工行列，目前正用功學習書法、國畫，希望人生更繽紛多采，除寫詩外，偶有短文在報刊雜誌發表。讀到這裡，我油然心生敬佩。

當我仔細讀完《紫茉莉》裡的一百首詩，感覺自嘆弗如。吳淑麗的詩，意象優美，隱喻清新。我們看她《紫茉莉》詩集裡的第一首詩〈小溪〉：

仗著不馴的腳步
就揚言浪跡天涯
白雲青山問
爲自己浪人的身份
註冊
帶著低低地琴韻
迎向遙遠的未知
夜夜
不忘叩我不眠的
窗

〈小溪〉就是作者隱喻她自己。小溪的流向與流程的動態，就是詩人自己在人生旅途上，追尋理想的足音。她的理想是「希望人生更繽紛多采」。她不徒託空言，而樂於實踐。我們看她〈日記〉這首詩，寫得多麼踏實：

把丈夫送出家門
抖落妻子外衣

孩子送入學校
鬆口氣
卸下媽媽的重擔

我是飢渴的蠹蟲
書堆裡貪婪進食，企圖
灌溉心靈荒漠
墨香中泅泳
窗邊看浮雲
獨享一盞香茗

拖把隨音樂縱橫
歌聲中，菜香四溢
巧手裁製
一室繽紛妍麗
衆弦俱寂

搜尋一顆顆閃熠的星
凝爲詩句，穿成
串串，懸掛
夢中

她是一位賢妻良母，能幹的家庭主婦，追求完美的女詩人。把丈夫送出門，把孩子送進學校，稍得輕閒，就讀書、寫字、作畫，坐在窗邊品香茗，看浮雲。接著就聽音樂，隨著那優美旋律，打掃清潔，做菜餚，理瑣碎家務，美化室內。再有閒暇，她尋找靈感，搜羅珠璣，穿成詩篇，懷詩入夢。我們看吳淑麗的生活多麼充實，多麼愜意，她的家庭又是多麼美滿幸福啊！她所追求的還不只這些，她不僅獨善其身其家，還要為兼善天下盡份心力。她投身學校、社區當義工，做得那麼盡心投入。我摘錄〈牽掛〉──那個小男孩，這首詩中的片段，可知她的胸襟懷抱：

總是貓咪一樣
磨磨蹭蹭
在我身旁，一句句
稚嫩的叫喚：
「愛心媽媽！」

「爸爸媽媽把我賣掉
只來看過我一次」

同學的眼中，你總是
到處闖禍
麻煩的源頭

清澈的眼　洞悉
世間多少醜惡？
問題學生，向來
輔導室列管
傷害你的那些人，一逕
把難題丟給社會

不忍回頭，再看看你
明天新增的鞭痕
又將一道道深深刻劃

在我心上

她以愛心撫慰那些受創的心靈，為他們療傷止痛，引導他們邁向快樂人生。吳淑麗是位生活在現實中，追求現實完美的詩人，是詩的園地裡一朵瑰麗的奇葩，芬芳四溢。

（原載《葡萄園》詩刊一五一期）

讀《洪荒歲月》詩集感言

日前打開信箱，承蒙守箴兄寄贈其個人詩集《洪荒歲月》一本，喜不自勝，返家後立即展書閱讀。

首先閱讀評介的導讀文章，再欣賞詩創作。從馬聰、秦嶽、麥穗、文曉村、晶晶諸位詩壇俊彥的大作中得到啓發，使我對洪先生的有更深的領悟。說到寫評論，我實在不敢當。我雖痴長洪先生幾歲，洪先確是我的詩壇前輩。洪先生一九五三年開始寫詩，我的第一首詩成於一九七八年。近二十年參加詩壇活動，都是以見習生心情做義工，雖有心學習進取，卻無長進。茲謹就拜讀《洪荒歲月》的心得，抒發感言。

我閱讀《洪荒歲月》裡的詩篇，感到非常親切。洪先生以九行小詩，表達他的詩觀：「詩之為詩／是在凝結了一切情懷之後／找出最足以呈現自我的見解／並以文字／轉換出所有全貌／且讓人領悟／進而共鳴……」

這正是我想說而無言表達的心裡話，也是我的詩觀，洪先生真是我的知音詩友，我深感榮幸。他十七歲就有詩作在文學月刊和詩刊發表，二十七歲任《臺東青年主編，也曾主編《南市青年》，在詩文園地耕耘四十多年，我說他是我的詩壇前輩，並非誇言過譽。

秦嶽兄在「品讀洪荒的《洪荒歲月》評文中說：「成長於臺東岩灣的洪守箴……說臺東是洪荒的第二故鄉，相信他不會否認。」再讀〈東臺灣詮釋〉、〈臺東大橋〉、〈臺東行吟〉、〈東海岸印象〉、〈南王山麓〉這些詩篇，就知他對臺東情有多深，臺東在他生命中多麼重要。他一九八一年離開臺東，一九九三年他寫了〈東臺灣詮釋〉六首，暢述情懷，可見他對臺東的念念不忘。〈東臺灣詮釋〉之一這首詩有兩段，我摘錄後如下：

於是後山即落後
於是後山即原住民的神秘
我呵
我住於此
我長於此
此地的山河
最先迎接旭日於東向
這裡是東方呵

這裡才是山之前
這裡有藍藍的海
這裡有都蘭山
　　湛藍的寶石
在仰望藍藍的天

我再摘錄〈茄藍灣〉——東臺灣詮釋之二的最後八行：

那迷人的視野
人們稱妳小野柳
都蘭山在吶喊抗議
茄藍灣呵
叫茄藍灣吧
茄蘭灣多有詩意
這是茄蘭灣
茄藍灣多有詩意

我讀這些詩句，對作者更加感到親切，又自感慚愧。我一九五八年九月奉派到臺東太平榮家就業，一九八〇年九月調臺北退輔會服務，在臺東住了二十二年，比在祖籍安徽岳西住的還久，我和作者是第二故鄉小同鄉。慚愧的是：我只到過臺東八景之一在臺東市內鯉魚山。我調臺北服務，家眷仍居臺東，我也常回臺東。一九八四年四月，我重遊鯉魚山，才以鯉魚山為題，寫了一首十五行小詩，真是愧對臺東的好山好水好風景。

我拿到《洪荒歲月》這本詩集，面對那幅封面畫，如進入一片洪荒原野；再讀編目，讀詩篇，讀評介文章，一步步漸入佳境；及讀終篇，看到洪守箴先生全家福合照，他們已步入深情歲月，豐盈歲月，寫成美好的人生詩篇。

洪先生現任國立臺南啓智學校輔導主任，為智障者付出心力，要將他們從「洪荒歲月」，導入自立自強風光佳境。先生在豐盈的歲月裡，必會創作更多感人的詩，我們拭目以待吧！

（本文原載《葡萄園》詩刊一五三期）

讀《一個人的主義》心靈感應

接獲中國文藝協會通知，二〇〇二年一月二十七日下午二時，在道藩廳舉行新書發表會，由理事長綠蒂主持，作者及桂冠圖書公司文學主編莫渝解說，新書《一個人的主義》邵國維著。

我應邀參加不少次新書發表會，作者都是文藝界的朋友，發表的新書都是詩集或文集。這次新書的作者邵國維先生，是位中年企業家，新書《一個人的主義》，尤其感到新奇。在邀請函的第二頁新書內容摘要裡有這樣幾句話：「人的一切成功與失敗，幸與不幸，善與惡，皆來自他的天賦與信仰。」「本書即是為探討正確的信仰和真理而作。」「這是解救個人與人類唯一的道路。」這也是我時常在思考在探索的問題。於是我決定要參加這次新書發表會。

二十七日這天，陰雨綿綿，寒風颼颼，我提前出門，乘火車再轉搭汽車，趕到會場差點遲到。我在簽名簿簽個名，買了一本新書。會場坐得滿滿的，都是有說有笑的年輕人，很少老面孔。我擠到前排，坐在林大椿教授旁邊，與作者邵先生正對面。發表會開始，主持人對作者及新書為來賓簡要介紹，莫渝說明出書的經過非常慎重，書名一改再改才決定，對作者的人文素養深表敬佩，對其行事風格亦加讚揚。接著作者邵國維先生就其著述《一個人的主義》這本書的心路歷程，理念與經過，作了四十多分鐘的學術演講，大至宇宙萬象，小至方寸思維，引經據典，言詞簡潔流暢。我全神傾聽，有聆君一席話勝讀十年書的快慰。

　　我回到家即用心閱讀這本三百八十一頁的新書。作者的自序以〈為什麼我要寫這一本書〉為題，說了下面這一番話：「我是因為有話要說，而且是有許多話想要向許多人說，所以寫書便成了唯一可行的途徑。我寫這本書，乃是因為人性的一個基本的需要—與人溝通。在這本書裡，我將把我五十多年觀察、體驗和思考人生的心得與大家分享。」作者所說的，也是我想說的，作者所做的，也是我想做。去年我出版了一序三書：《心橋足音》、《鄉居散記》、《友情交響》三本詩文集。從書名可知，我也是想藉文字與人多溝通，由溝通形成共識，引起共鳴　同心協力實現我們的理想。在詩集裡有一首《詩情》小詩：我手寫我口／我手寫我心／心中無罣礙／一身輕　我手寫我口／我手寫我心／與人多溝通／樂融融　我與邵先生，未曾相識，卻有心靈感應，互為知音。

《一個人的主義》全書分為二部：第一部信仰：有〈生命的意義〉、〈命運〉等十二個章節；第二部：羅列九十八個〈真理〉。還有附錄〈給臺灣新聞業的一封公開信〉。是作者「五十多年觀察、體驗和思考人生的結果，融合了許多前人的智慧。」他說：「他們之中許多人都誕生於二千年前或數百年前，而在他們之後的科學發現和人類經驗卻並不為他們所知道，因此，他們的主張也就難免多有不符近代科學發現和後人經驗之處」。他列舉可白尼、達爾文、馬克斯等理論學說加以詮釋。

他很重視前人的智慧，引述《孫文學說》中的一段話：「如能用古人不為古人所惑，能役古人不為古人所奴，則載籍皆似為我調查，而使古人為我書記，多多益善矣。」他以此自我惕勵。作者在書中引用很多中外古聖先賢的名言語錄，來詮釋他的新思維和新主張，而形成他的《一個人的主義》。國父孫中山先生的「人生以服務為目的。」和先總統蔣公的「生命的意義在創造宇宙繼起之生命；生活的目的在增進人類全體之生活。」是他的信仰。他對「人生的意義」提出如下的主張：

在有生之時，

盡己之力，充分利用自己的天賦和環境

去做自己想做的事，
去做自己想做的人，
去追求自己的夢想，
去改善自己和世界，
去探討生命和宇宙的奧秘，
去創造自己生命的價值，
爲了自己的幸福，
也爲了世界的幸福。

邵國維先生，不只是個理想主義者，徒託空言以自負；而是一個理想的實踐者。他是師大物理系、交大管理科學研究所畢業。曾任逢甲大學企管系講師、雅芳（Avon）公司業務經理、特百惠（Tupperware）公司總經理、玫琳凱（Marykay）公司總經理及亞太區高級顧問等職。他的形像與風範，不像一位企業界的大亨，而是一位樸素儒雅的學者。那天參加新書發表會的青年男女，都是他的學生和公司的部屬，他（她）們發表了很多溫馨的感言。有位小吃店的女老闆，得到消息也來參加新書發表會，說了一些出自肺腑的讚佩與感謝，獲得大家熱烈的掌聲。有幾位當場各訂新書一百本，贈送親友，以傳揚作者利己利人的人生哲學。邵先生理想與主張，已獲認同，得到回響。

他詼諧地說：我的這本書如果能像《哈利波特》一樣熱賣，我的理想與主張就會實現，全人類都有福了。

〈附錄〉對臺灣新聞服務業的一些觀察與意見—給臺灣新聞業的一封公開信—長達七千多字，觀察入微，立論客觀公正。這封信有四個要點：「言論自由」、「平衡報導」、「遣詞用字」、「題材選擇」。可說是語重心長，愛之深責之切。他說：「文明先進國家新聞業自我約束的行為，卻被臺灣某些新聞業者視為妨害新聞自由的行為。」「自由應該以不妨害他人為範圍」。「對於別人攻擊性言論，新聞業在刊播時要特別謹慎」「新聞服務業在正與邪、善與惡之間的對立當中，應選擇正義與善的一方，而不是對自己有利的一方。」「文字用語粗糙、輕佻、偏激、誇張、不準確、情緒勝過理性……絕對是一篇品質低劣的報導或評論」。「一個國家和社會有太多題材可以報導，但要報導那些？不報導那些？報導到什麼程度？都是重要的選擇。」「我覺得臺灣新聞界在『題材選擇』上，太過偏好負面題材、偏愛色情與暴力，有些題材反復出現又無實質內容，頗有為人宣傳之嫌疑。」「我衷心期望，臺灣的新聞服務業能奮起直追，成為世界第一流的新聞業，如此我們國家必能早日成為世界第一流之國家！」我讀過這封長信，認為邵國維先生，是我們廣大觀眾、聽眾和讀者的代言人。

陳毓美老師的心靈告白

——我讀《讓我自在上學》的心得報告

陳毓美老師筆名陳欣心，是位詩人畫家，也常有散文在報刊發表，著有《夜盡天明》、《詩情芬芳》、《點點溫馨情》、《請聽我說》等詩集。我和陳老師是《秋水詩刊》同仁，有十多年情誼，我讀過她的不少詩文作品，也欣賞過她的畫作，她的詩情畫意，都表達人性的真、善、美；發現虛偽或醜惡現象，她就仗義執言，盡力循循善誘，予以導正，以克盡其為人師表的職責。

她最近出版了一本袖珍型口袋書，也就是今天拿來新書發表會《讓我自在上學》這本新書。她先送我一本，我用心閱讀，寫成這篇心得，來向各位先進和好友報告：這本小而精美的小書，只有一百十二頁，收入三十六篇小品文。每篇在四百至六百字之間，只有〈讓我自在上學〉這篇達一千字，是「模擬小學生的自白」徵文比賽教師組佳作。她以這篇文章的題目作書名，可說是用心良苦。

她是位資深的小學教員，從前看到學生們，迎著晨曦，和同學自由自在，有說有笑快樂的來到學校，放學後與同學結伴，踏著夕陽高興的回家。自從震驚社會的白曉燕被綁架撕票案發生後，家長們為著孩子的安全，都要親自送他們上學，放學後孩子們在校門口等候家長來接回家，孩子們失去自由自在上學的樂趣。陳老師寫這篇文章的寓意，是呼籲政府做好治安工作，還給孩子們一個安全的活動空間。

她在〈愛心永不嫌多〉這篇文章裡說：「世界上最有價值的東西不是金銀珠寶，而是情意的光輝和愛心的芬芳。」她舉一個實例：一對姊弟每天推著一位坐輪椅的鄰居女孩一同上學，感動了雙方家長及目睹這對姊弟義行的人。這對姊弟以「助以最樂，服務最榮」，給我們社會最好的啓示。

在〈誰最偉大？〉和〈顏色的故事〉裡，作者巧思的兩則寓言：一、嘴巴、牙齒、胃、大腸小腸、手和腳、鼻子、耳朵和眼睛，互爭對人體貢獻的功勞，相持不下，最後大腦主持公道：大家都很偉大，你們之中如果有人病了不能工作，大家都會受到影響，只有分工合作同心協力，才會使主人有個健康的身體。二、彩虹媽媽有七個孩子：紅、橙、黃、綠、藍、靛、紫，爭美搶名，不肯罷休。仙女來為他們調解：你們要和好合作才對呀！這個世界都需要你們才會多彩多姿，缺少一個顏色就會失去一分美麗。以這兩則寓言，來比喻人間百態是多麼適切！

這本小書裡的三十六篇短文各有啓發性，是學生最好的課外讀物，是社會教育最好的公民教材，是各階層人士休閒時修心養性的好參考書。我這篇讀書心得，考慮到時間的限制，掛一漏萬，各位如果仔細讀完這本書，就知我此言不虛。

（應中國文藝協會邀請，參加二〇〇二年二月二十三日，徐世澤、姜龍昭、關雲、陳毓美等四位文友的新書發表會。此文我請曾美霞小姐在新書發表會上代爲宣讀。）

韓濤兄赴蜀講學送行

道通天地，思入古今。
方塊解惑，理貫中西。
國計民生，念茲在茲。
宣揚教化，撥亂反正。
奔走授業，振興國魂。
我沾雨露，謹申謝忱。

（二〇〇二年三月十二日面陳）

後記

——一個老兵的呼籲

前人有言：「人必自侮，而後人侮之；國必自伐，而後人伐之。」「鷸蚌相爭，漁人得利。」「滅六國者，六國也，非秦也；族秦者，秦也，非天下也。使六國各愛其民，則足以拒秦；秦復愛六國之人，誰得而族滅也。秦人不暇自哀，而後人哀之；後人哀之，而不鑑之，亦使後人而復哀後人也。」以上所言，證諸中外史實，莫不皆然。

我們國家當前的處境，列強環伺，虎視眈眈，都想乘虛蠶食（宜蘭縣轄的無人小島釣魚台，被日本偷偷霸佔，即為一例），趁亂鯨吞。在強鄰相互爭勝的陰謀詭計下，危機四伏。唯有我全國同胞，精誠團結，發奮圖強，才有生存發展的空間。倘心存依靠任何「友邦」庇護，以求苟安，將自貽伊戚，終至滅亡！

回憶民國三十九年，我隨國軍部隊來臺，幾經整編，多次調防，到處所見，斷垣殘壁，百廢待舉，國窮民困，生活艱苦。執政當局，高瞻遠矚，謀猷籌劃建國的大計方針，全民團結一心，力行實踐，共同奮鬥，在三、四十年間，從無到有，從有到富，創造了臺灣奇蹟，舉世欽羡。

由於科技快速發展，縮小了空間距離，促使世局劇變。國際間紛爭擾攘，戰雲密布，衝突不斷，地球村的人文生態，與自然生態在惡性循環，人類面臨生存危機。國內各政黨對國家認同，意見紛歧，原來融合的族群，被政客操縱、煽動割裂，社會出現一片亂象，已近前人所言「覆轍」的境地，國脈民命實堪憂慮！

切盼全國同胞，放大眼光，敞開胸懷，及時自省自律，放棄偏見與私利，團結一致，為保國衛民奉獻心力，再創臺灣奇蹟。憑我們高水準的人力資源，及雄厚的經濟實力，我們的願景不是夢。俟我們實現了願望，再為全人類盡一份應盡的責任。同胞們！我們攜手同心，邁開大步，向目標前進吧！

汪洋萍著作一覽表

書名	類別	出版社	出版年月
心影集	詩集	文史哲出版社	一九九一年十二月
心聲集	詩集	文史哲出版社	一九九三年四月
萬里江山故園青	文集	絲路出版社	一九九五年十一月
生命履痕	文集	絲路出版社	一九九七年元月
袒露心靈	詩文合集	文史哲出版社	一九九七年十二月
心橋足音	詩集	文史哲出版社	二〇〇一年七月
鄉居散記	文集	文史哲出版社	二〇〇一年七月
友情交響	文集	文史哲出版社	二〇〇一年七月
遊目騁懷	詩文合集	文史哲出版社	二〇〇二年五月